Sueño con Chitas

por Linda Stanek

ilustrado por Shennen Bersani

Sueño con chitas

corriendo por la brillante sabana.

El chita es el animal más veloz de la tierra. Los chitas pueden correr hasta 70 millas (113 kilómetros) por hora, acelerando de cero a sesenta segundos en sólo tres segundos. ¡Es agotador! Por suerte, en la mayoría de los casos alcanzan su presa a la mitad de esa velocidad.

A diferencia de los otros grandes felinos africanos, los chitas son diurnos, más activos durante el día.

Sus patas, con tacos
tan veloces y firmes,
sus colas como timones,
guiando.

Como los tacos en las suelas de los zapatos atléticos, las garras de los chitas siempre están parcialmente afuera, listas para agarrar el suelo cuando este gran gato corre.

Los chitas usan sus colas como el timón de un barco. Sus colas les ayudan a balancear y dirigir sus cuerpos cuando giran a altas velocidades.

Sueño con chitas,

a salvo, seguros,

de los granjeros siempre vigilantes.

Cuando los granjeros entran al territorio de los chitas, las gacelas y los ñus jóvenes, las presas preferidas de los chitas, se mudan. Pero los chitas aún necesitan comida. Algunos acaban cazando el ganado de las granjas.

Para proteger a su ganado, estos granjeros a veces le disparan a los chitas.

De perros con voces,
profundas y fuertes,
que urgen a los chitas hacia adelante.

Algunas granjas tienen pastores de Anatolia, perros grandes y ruidosos que viven con los animales de la granja. Cuando estos perros sienten que hay un chita cerca, ladran y gruñen.

Los chitas son mejores corriendo que peleando entonces, cuando escuchan a los perros, huyen. Estos perros salvan al ganado de los chitas, y a los chitas de los granjeros.

Sueño con los ojos
ámbar de los chitas,

sus caras, manchadas por huellas como de lágrimas,

mirando;

Los chitas tienen manchas malares, o “marcas de lágrimas”, muy distintivas en la cara y hechas de pelo negro que corre desde sus ojos hasta sus bocas. Los rayos del sol se reflejan menos en ese pelo negro y en los ojos de los chitas.

sus orejas, negras
y leonadas siempre escuchando,
que guían al chita
cuando está cazando.

Los chitas tienen muy buenos oídos y sus orejas también les ayudan de otras maneras. Las manchas negras en el pelo al reverso de sus orejas podrían parecer ojos a animales acechando desde atrás. El pelo oscuro también permite que los cachorros localicen más fácilmente a su madre cuando la siguen.

Sueño con los pequeños

cachorros del chita,

el alto tono de sus voces

piando,

Los chitas generalmente tienen de tres a cinco bebés en cada camada. Los cachorros hacen ruidos como el piar de un ave cuando llaman.

Cuando los cachorros son muy pequeños, su madre los debe dejar mientras caza. Este es un tiempo especialmente peligroso para los bebés chita.

de madres moviéndose

de aquí para allá,

para mantener **escondidos** a sus bebés.

Para evitar que sus bebés sean localizados por predadores, las madres chitas mueven a sus cachorros a una nueva madriguera aproximadamente cada tres días. Cuando los bebés tienen alrededor de dos meses empiezan a seguir a su madre cuando caza.

Los cachorros se quedan con su madre durante casi dos años, hasta que se independizan.

Sueño con chitas

con barrigas llenas,

de pequeños

fuertes y creciendo,

Los chitas están hechos para correr, pero hacerlo a toda velocidad los agota por lo que a veces necesitan descansar hasta por treinta minutos después.

En la mitad de los casos, otros animales —un león, leopardo, hiena y hasta buitres— se aprovechan de esto y se roban la presa del chita, dejando al agotado animal sin comida.

de extensiones de tierra

donde los chitas se paran

y **deambulan** por las zonas salvajes.

Cuando los chitas pierden terreno a los humanos, no sólo tienen menos lugares para vivir sino también son apartados de otros chitas. Esto se llama “territorio fragmentado”.

El territorio fragmentado dificulta que los chitas encuentren pareja. Y viajar a través de territorio habitado por humanos es peligroso. Esto puede resultar en chitas adultos muriendo y menos bebés.

Sueño con ruidos profundos

y murmullos,

de chitas ronroneando suavemente.

En contraste con otros grandes felinos (como leones, jaguares y leopardos), los chitas no pueden rugir.

Los chitas hacen muchos sonidos, incluyendo piar, mascullar, sisear y gruñir. Y, a diferencia de sus primos que rugen, los chitas pueden ronronear cuando están contentos.

Sueño con chitas

corriendo . . .

De todos los felinos salvajes de África, el número de chitas es el que más rápido está decreciendo. La gente se preocupa que podrían extinguirse. Pero tú puedes ayudar a compartir la información de que los chitas necesitan nuestra ayuda.

Después de todo, encontrar una solución empieza con informar a otros que hay un problema.

. . . la extinción

muy lejos de ellos.

Para las mentes creativas

La sección educativa "Para las mentes creativas" puede ser fotocopiada o impresa desde nuestra página web por el propietario de este libro para usos educacionales o no comerciales.

Visita **www.ArbordalePublishing.com** para explorar recursos adicionales.

Los chitas y sus primos, los grandes felinos

Los gatos son de todos los tamaños, desde el gato herrumbroso (entre 2 y 3.5 libras o 900 gramos y 1.6 kilos) hasta el tigre siberiano (hasta 675 libras o 306 kilos). Algunas especies de felinos se agrupan y son conocidos como "grandes felinos". Los leones, tigres, leopardos y jaguares son grandes felinos. A veces, otros felinos, como los chitas, pumas y leopardos de nieve, también son llamados grandes felinos.

¡Los chitas son más pequeños que sus primos, los grandes felinos, pero aun así son bastante grandes! Un chita adulto mide entre 3.5 y 4.5 pies (entre 1.1 y 1.4 metros) de largo desde la cabeza hasta la base de la cola. La cola agrega otros 2 a 2.5 pies (.6 a .76 metros). Los chitas miden aproximadamente 32 pulgadas al hombro (.8 metros) y pesan entre 70 y 140 libras (entre 32 y 64 kilos).

De izquierda a derecha: humano, león, jaguar, chita, gato doméstico, leopardo, tigre.

¿Cuáles de estos no son "grandes felinos"?

Conservación de los chitas

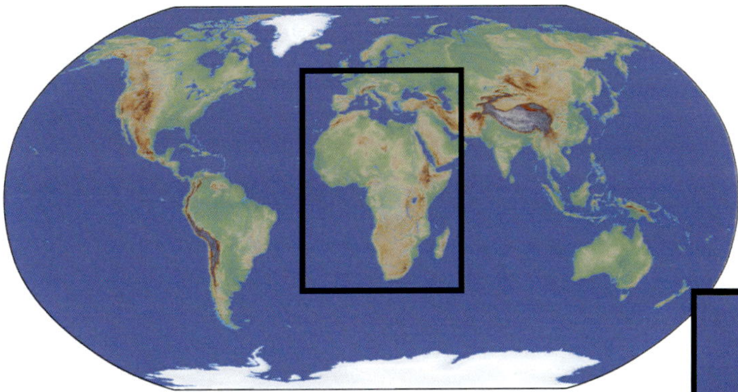

Hay 54 diferentes países en el continente africano... ¡y los chitas vivían en casi todos ellos y en otros continentes también! Pero ya no—ahora los chitas viven sólo en las zonas marcadas en el mapa.

Sólo uno de cada diez chitas sobreviven hasta edad adulta. Algunos mueren de problemas de salud cuando son pequeños. Muchos cachorros son matados por predadores como leones o hienas. Esto puede suceder cuando la madre chita está cazando o hasta cuando está con sus cachorros. Ella no es lo suficientemente grande y fuerte para pelear con alguno de estos predadores.

Una vez que el chita llega a la edad adulta tiene nuevas dificultades. El territorio fragmentado dificulta que los chitas se muevan dentro de su hábitat. Granjas y poblaciones de humanos hacen que los territorios de los chitas se achiquen cada vez más. Hay gente que caza las mismas presas que los chitas, resultando en menos presas para los chitas. Y algunas personas cazan chitas también. En la mayoría de los países esto es ilegal y se llama cacería furtiva.

¿Qué estamos haciendo?

Como sucede con la mayoría de las especies en extinción, la educación es una gran parte de la conservación. Los zoológicos y organizaciones de conservación le enseñan a la gente sobre los peligros que amenazan a los chitas. Juntan dinero para crear refugios para animales salvajes donde los chitas pueden estar a salvo de los cazadores furtivos y lejos de las granjas. Aproximadamente un 10% de los chitas salvajes viven en estas zonas protegidas. Algunos zoológicos están trabajando en programas de reproducción para que los chitas en ellos puedan tener crías y así ayudar a la población global.

Adaptaciones de los chitas

Los chitas tienen corazones y pulmones más grandes que los de un animal de su tamaño. Sus pulmones extra grandes permiten que inhale bastante oxígeno y sus corazones bombean el oxígeno a través de sus cuerpos, dándoles combustible cuando corren a toda velocidad.

Las garras de los chitas están adaptadas para ayudarles a correr. Mientras las garras de la mayoría de los gatos se retraen dentro de sus patas, las de los chitas sólo se retraen parcialmente. Siempre están listas para agarrar el suelo, muy parecido a lo que sucede con los tacos en los zapatos atléticos.

Los grandes ojos de los chitas están localizados en la zona alta de sus cráneos y ven al frente. Esto, junto a la forma de sus retinas (una parte del ojo), les da visión binocular. Los chitas pueden ver detalles en cosas a más de tres millas (4.8 km) de distancia.

Los chitas jóvenes tienen una "manta" de pelo largo en la parte superior de sus cabezas, cuellos y espaldas. Algunos creen que esto es para que se parezcan a un tejón de miel, un feroz y pequeño animal que la mayoría de predadores no atacan. Otros creen que la manta es para ayudar a que los cachorros se fundan entre el pasto.

Ronroneo o rugido

Algunos gatos ronronean. Otros gatos rugen. Pero no pueden hacer los dos. ¿Por qué? Hay dos razones.

Todo gato tiene un hueso en la garganta que se llama hueso hioides. En los gatos que ronronean, este hueso es duro y se conecta a otros huesos. Transmite vibraciones cuando el gato ronronea. En gatos que rugen, el hueso es más flexible y "flota" --se sujeta a músculo, pero no a otros huesos, por lo que no transmite bien las vibraciones.

Las cuerdas vocales de los gatos que ronronean y rugen también son diferentes. Las cuerdas vocales de los gatos que ronronean se doblan en una forma especial que permite que vibren cuando el gato inhala y exhala. Debido a esto, estos gatos pueden ronronear sin detenerse a tomar más aire. Las cuerdas vocales de los felinos que rugen tienen formas diferentes. Sus cuerdas vocales, junto con sus huesos hioides flotantes, no les permite a los grandes felinos ronronear pero sí hacer ruidos fuertes y profundos. ¡Grrrrr! Algunos gatos que rugen pueden hacer un sonido de ronroneo cuando exhalan pero tienen que detenerse para tomar aire, entonces no es un ronroneo verdadero.

¿Crees que estos gatos tienen huesos hioides flexibles o rígidos? ¿Por qué?

Los leones usan su fuerte y vibrante **rugido** para advertirle, a otros leones, dónde están. Esto le avisa a leones extraños que no se acerquen a la manada de leones que vive leones que vive en la zona.

Felinos de las Américas. A diferencia de muchos gatos, a los jaguares les gusta el agua. Nadan, pescan, se bañan y hasta juegan en el agua. Tienen un **rugido** profundo.

La mayoría de los animales se congelan cuando escuchan el **rugido** de un tigre. ¡Si las presas están congeladas de miedo es más fácil que el tigre las atrape!

Los chitas están despiertos y activos durante el día. A veces, durante una tarde caliente, encuentran un lugar fresco y se estiraran y **ronronean** en la sombra.

Los leopardos no rugen tan fuerte como los leones y durante tanto tiempo. Los **rugidos** de los leopardos son cortos y roncos, como el sonido de un serrucho cortando madera.

Los gatos domésticos podrán vivir con gente pero no pierden su instinto salvaje de cazar. Los gatos cazarán aves y pequeños mamíferos y después regresarán a casa a **ronronear** y acurrucarse en el regazo de su persona favorita.

Hueso hioides flexible (puede rugir): león, jaguar, leopardo, tigre. Hueso hioides rígido (pueden ronronear): chita, gato doméstico.

A Suzi Rapp y Shannon Swint con agradecimiento por permitirme entrar a su mundo lleno de chitas.

Gracias también a Linda Castaneda, Alicia Sampson, Susie Ekard y Janet Rose-Hinostroza por su percepción sobre estos asombrosos gatos. —LS

Para investigar estas ilustraciones, viajé al zoológico Southwick en Mendon, Massachussetts; el zoológico Roger Williams en Providence, Rhode Island, y el zoológico Columbus en Columbus, Ohio. Estoy verdaderamente agradecida con Luke Weatherhead, del zoológico Southwick, y con Shannon Swint, del zoológico Columbus, por el tiempo que cada uno pasó conmigo, dándome acceso a los chitas de sus zoológicos y contestando mis muchas preguntas. No hay nada como sentir el aliento de un chita en tu cara. Un gracias muy especial a Lou Marcoccio por acompañarme en estas aventuras zoológicas. —SB

Gracias a la doctora Laurie Marker, fundadora y directora ejecutiva del Cheetah Conservation Fund (CCF, Fondo para la Conservación del Chita), y a Suzi Rapp y Shannon Swint, vicepresidenta y coordinadora, respectivamente, de los Animal Programs (Programas de animales) del zoológico de Columbus por verificar la información que aparece en este libro.

Library of Congress Cataloging-in-Publication Data

Names: Stanek, Linda, author. | Bersani, Shennen, illustrator.
Title: Sueäno con chitas / por Linda Stanek ; ilustrado por Shennen Bersani.
Other titles: Cheetah dreams. Spanish
Description: Mount Pleasant, SC : Arbordale Publishing, [2018] | Audience: Ages 4-8. | Audience: K to grade 3. | Includes bibliographical references.
Identifiers: LCCN 2018039478 (print) | LCCN 2018039900 (ebook) | ISBN 9781607187592 (Spanish PDF ebook) | ISBN 9781643513096 (Spanish ePub3) | ISBN 9781607187479 (Spanish paperback) | ISBN 9781607187714 (Spanish read-aloud, interactive ebook)
Subjects: LCSH: Cheetah--Juvenile literature. | Cheetah--Behavior--Juvenile literature. | Endangered species--Africa--Juvenile literature.
Classification: LCC QL737.C23 (ebook) | LCC QL737.C23 S7164518 2018 (print) | DDC 599.75/9--dc23
LC record available at https://lccn.loc.gov/2018039478

Bibliografía:

Becker, John. Frenemies for Life: Cheetahs and Anatolian Shepherd Dogs. Columbus: The Columbus Zoo and Aquarium, 2010. Libro impreso.
"Cheetah." Association of Zoos and Aquariums, 2016-2017. página web.
"Cheetah." National Geographic, 2017. página web.
Marker, Laurie, Lorraine K. Boast, Anne Schmidt-Kuentzel, Philip J. Nyhus (editors). Cheetahs: Biology and Conservation: Biodiversity of the World: Conservation from Genes to Landscapes. London: Academic Press, 2017. Libro impreso
Rapp, Suzi. Entrevistas personales, 2016-17.
Sampson, Alicia. entrevista por correo electrónico, June 9, 2017.

Traducido por Judy Goldman

Elaborado en los EE.UU.
Este producto se ajusta al CPSIA 2008

Arbordale Publishing
Mt. Pleasant, SC 29464
www.ArbordalePublishing.com